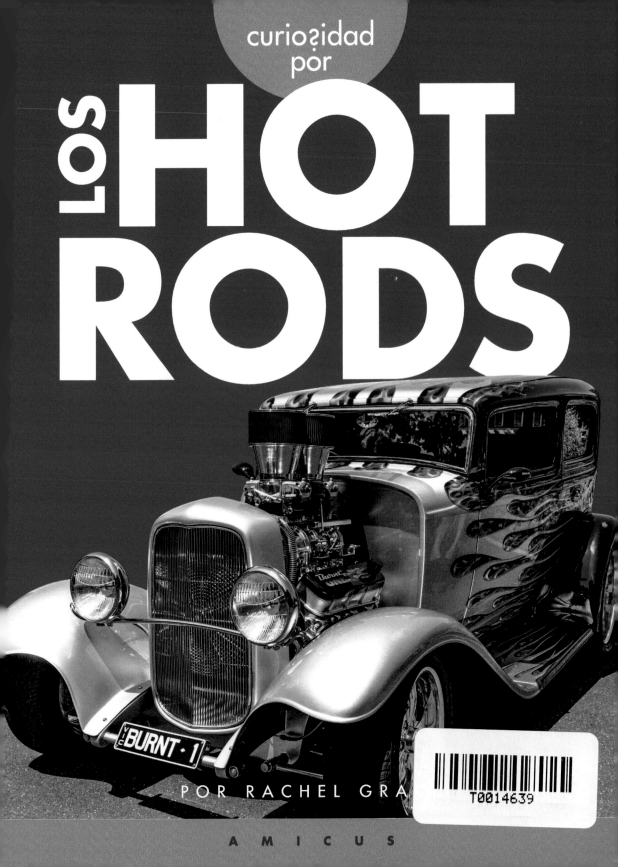

curiosidad por

LOS HOT RODS

POR RACHEL GRA

AMICUS

¿Qué te causa

curiosidad?

CAPÍTULO TRES

En la pista de drag
PÁGINA
16

Curiosidad por es una publicación de Amicus
P.O. Box 227, Mankato, MN 56002
www.amicuspublishing.us

Gillia Olson y Alissa Thielges, editoras
Kathleen Petelinsek, diseñadora
Bridget Prehn, investigación fotográfica

Library of Congress Cataloging-in-Publication Data

Names: Koestler-Grack, Rachel A., 1973- author.
Title: Curiosidad por los hot rods / by Rachel Grack.
Other titles: Curious about hot rods. Spanish.
Description: Mankato, Minnesota : Amicus, [2023]
| Series: Curiosidad por los vehículos geniales
| Translation of: Curious about hot rods.
| Includes bibliographical references and
index. | Audience: Ages 6–9.
| Audience: Grades 2–3. | Summary: "Appeal to
budding racers with this Spanish question-and-answer book
covering hot rod styles, history, fuel, and parts. Simple
infographics draw in visual learners. Includes table of
contents, glossary, index."—Provided by publisher.
Identifiers: LCCN 2021055463 (print)
| LCCN 2021055464 (ebook) | ISBN 9781645494584
(hardcover) | ISBN 9781681528755 (paperback)
| ISBN 9781645494645 (ebook)
Subjects: LCSH: Hot rods–Miscellanea–Juvenile literature.
| Automobiles–Customizing–Miscellanea–Juvenile literature.
| Drag racing–Miscellanea–Juvenile literature.
Classification: LCC TL236.3 .K6418 2023
(print) | LCC TL236.3 (ebook)
| DDC 629.228/6–dc23/eng/20220104

Créditos de las imágenes © Dreamstime/Matko Medic
cover, 1; Shutterstock/Philip Pilosian 2 (left), 4–5;
Shutterstock/Alexander Kondratenko 6–7; Shutterstock/
sima 8; Alamy/Andrew Blaida 9; Alamy/Gary Warnimont
2 (right), 10–11; Alamy/Richard McDowell 12–13; Alamy/
Kevin McCarthy 15; Shutterstock/Christopher Halloran
16–17; Alamy/Jim Monk 18–19; Shutterstock/DLINE
Studios 3, 20; Shutterstock/Praphan Jampala 21

Impreso en los Estados Unidos de America

¿Qué son los hot rods?

Los hot rods pueden verse en exhibiciones de autos.

Los hot rods son autos veloces utilizados para **carreras de drag**. Alguna gente piensa que solo los autos fabricados antes de 1949 pueden ser hot rods. Otras dicen que cualquier auto se puede convertir en uno. De cualquier modo, la mayoría empieza como autos normales. Luego, los modifican para más velocidad y potencia.

¿Cómo se modifica un auto?

motor grande

sin salpicaderas

sin defensa

Menos peso y más
potencia hacen un
auto más rápido.

Primero, corta la **carrocería**. Quítale el techo, el capó, los parabrisas, las defensas y los **salpicaderas**. Métele un motor más grande. Cámbiale algunas piezas por las de alta potencia. Ponle neumáticos anchos atrás. Terminarlo con un pintado llamativo. ¡Ya estás listo para correr!

carrocería cortada

neumáticos anchos

árbol de
levas

¿Qué es una pieza de alta potencia?

Una pieza que ayuda al auto a tener el mejor desempeño. Aquí hay un ejemplo. Todos los autos tienen árboles de levas. Estas barras controlan las **válvulas** del motor. Las barras de alta potencia dejan entrar más aire y combustible. Esto aumenta la potencia. Algunas personas las llaman «hot rods». ¡Tal vez de allí provenga el nombre de estos autos!

Las piezas de alta potencia dan a los hot rods mayor potencia.

2

¿Qué auto se usa comúnmente?

El 1932 Ford Roadster es uno de los favoritos. Los primeros pilotos los usaban. Su poderoso motor V-8 era fácil de cambiar. Tenía una carrocería ligera y un chasis fuerte. Además, ¡se veía genial! Aunque el Roadster es un hot rod clásico, se han usado todo tipo de autos.

El icónico 1932 Ford Roadster es muy popular entre los hot rods.

¿Qué combustible consumen los hot rods?

¿SABÍAS?
La gasolina normal les da
a los hot rods
584 caballos de fuerza.
¡El metanol les da
808 caballos
de fuerza!

Este motor
V8 usa óxido
nitroso.

Algunos pilotos le agregan **óxido nitroso** (NOS) a la gasolina. El NOS da más potencia. Muchos pilotos están cambiando a **metanol**. Este produce una potencia superior. Pero tiene una desventaja. Los autos consumen tres veces más combustible. Eso significa menos millas por galón. ¡Por suerte, las carreras de drag son cortas!

¿Puedes conducir hot rods en la calle?

No. Los hot rods son solo para carreras. Pero los **street rods** sí están pensados para las calles. Se parecen mucho. Los street rods son autos fabricados antes de 1949. También los modifican. Los vuelven seguros para conducirse sobre las carreteras modernas.

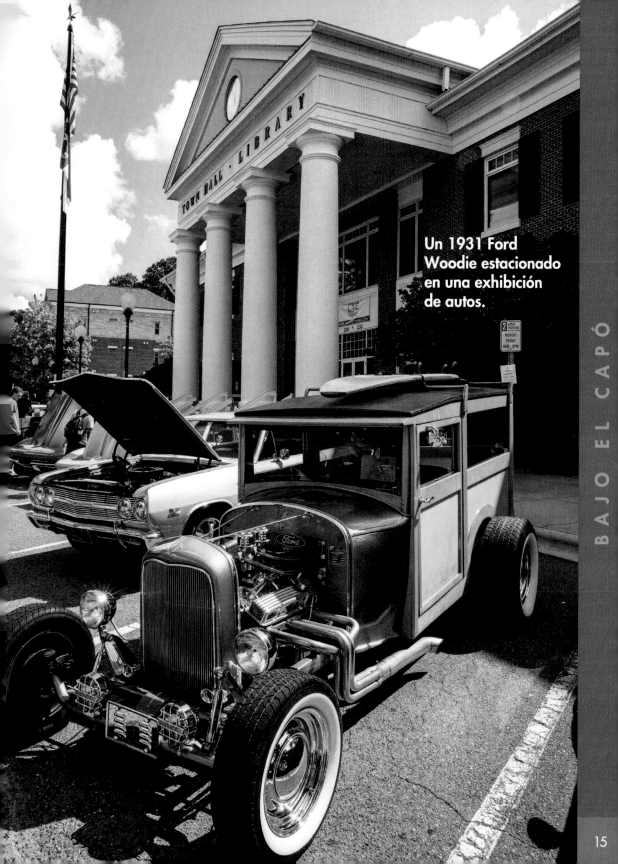

Un 1931 Ford Woodie estacionado en una exhibición de autos.

¿Qué tan rápidos son los hot rods?

Un hot rod quema llantas al inicio de la carrera. Esto le ayuda a tener un buen inicio.

Mucho más rápidos que los autos normales.
Existen muchas **clases** de hot rods. Los motores,
combustibles y estilos son diferentes para cada
clase. Las carreras de drag generalmente son de
un cuarto de milla (0,4 km). ¡Los hot rods más
veloces corren una carrera en 4,4 segundos!

¿SABÍAS?
¡Un dragster Top
Fuel puede alcanzar
velocidades de
330 mph (531 kph)!

¿Cómo funciona una carrera de drag?

Dos hot rods se alinean para correr por una playa.

Habitualmente, dos autos se ponen uno junto al otro. Arrancan al mismo tiempo. ¡El primero en llegar a la meta gana! Pero no siempre es justo. A veces, un auto arranca antes o inicia en otro punto de la pista. Entonces, ¡el mejor tiempo gana!

¿Qué se necesita para ser piloto de hot rods?

Un hot rod puede reflejar el estilo del piloto.

¡Valentía! La velocidad en las carreras de drag es de miedo. Además, los pilotos necesitan tener habilidades. Y no solo al volante. Muchos construyen sus propios autos. Conocen el hot rod por dentro y por fuera. ¿Tu cabeza entiende de autos y tu estómago resiste la velocidad? ¡Corramos!

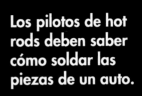

Los pilotos de hot rods deben saber cómo soldar las piezas de un auto.

HAZ MÁS PREGUNTAS

¿Dónde puedo ver una carrera de aceleración?

¿Cómo aprenden las personas a construir hot rods?

Haz una PREGUNTA GRANDE:

¿Qué tipo de auto convertirías en un hot rod?

BUSCA LAS RESPUESTAS

Busca en el catálogo de la biblioteca o en Internet.
Pueden ayudarte tus padres, un bibliotecario o un maestro.

Usar palabras clave
Busca la lupa.

Las palabras clave son las palabras más importantes de tu pregunta.

?

Si quieres:

• ver carreras de drag en línea, escribe:
VIDEOS DE CARRERAS DE DRAG

• aprender sobre construir hot rods, escribe: CÓMO CONSTRUIR UN HOT ROD

GLOSARIO

carrera de drag Carreras (generalmente de un cuarto de milla [0,4 km] de largo) entre dos vehículos.

carrocería La carcasa externa de un auto.

clase Un grupo de autos definido por ciertas características, como el tamaño, forma de la carrocería y modificaciones.

metanol Combustible líquido hecho a partir del metano y usado en los autos de carreras.

óxido nitroso Gas de nitrógeno y oxígeno que puede aumentar la potencia del moto

pista de drag La pista usada para las carreras de drag.

salpicadera Pieza alrededor de la rueda de un auto.

street rod Un tipo de hot rod que puede conducirse en las calles normales; algunos corren en carreras, otros no.

válvula Pieza que puede detener o iniciar el flujo de aire o líquido.

ÍNDICE

Acerca de la autora

Rachel Grack corrige y escribe libros para niños desde 1999. Vive en un rancho en Arizona. ¡Siempre le han entusiasmado los autos atractivos! Hubo un tiempo en el que incluso era dueña de un street rod: un Ford Galaxie 500 de 1965. Le encantaba pasearse en él con las ventanas bajas. ¡Esta serie volvió a encender su pasión por los autos!